# Le blessé du parking

Jan A. Verschoor und Gérard Hérin

# Le blessé du parking

Ernst Klett Sprachen
Stuttgart

Jan A. Verschoor und Gérard Hérin

# Le blessé du parking

1. Auflage 1 6 5 4 3 2 | 2015 14 13 12 11


Internetadresse: www.klett.de / www.lektueren.com

Redaktion: Sylvie Cloeren
Satz: Satzkasten, Stuttgart
Umschlaggestaltung: Elmar Feuerbach
Umschlagbild: Susanne Klaschka, Weil der Stadt
Druck und Bindung: Medienhaus Plump GmbH, Rheinbreitbach
Printed in Germany

ISBN-13: 978-3-12-591444-5

# Table des matières

# Vocabulaires thématiques

## *1. Crime et police*

| | |
|---|---|
| **un crime** | Verbrechen, Mord |
| **commettre un crime** | ein Verbrechen, einen Mord begehen |
| **la victime** | Opfer, Tote |
| **un meurtre** | Mord |
| **le corps** [kɔr] | Körper, Leiche |
| **soupçonner** | verdächtigen |
| **une piste** | *ici:* Spur, Fährte |
| **accuser qn de qc** | jdn einer Sache beschuldigen, bezichtigen |
| **l'assistance** *f* | Hilfe(-leistung), Beistand |
| **la non-assistance à personne en danger** | unterlassene Hilfeleistung |
| **un tribunal, des tribunaux** | Gericht, Gerichtshof |
| **une prison** [prizõ] | Gefängnis |
| **sauver** | retten |
| **donner l'alerte** *f* | Alarm schlagen |
| **un brigadier** [brigadje] | Wachtmeister, Polizeimeister |
| **interroger** | verhören |
| **un interrogatoire** | Verhör |
| **un fait, des faits** [fɛ(t)] | *ici:* ein Ereignis |
| **votre version des faits** | Ihre Darstellung der Ereignisse |
| **une hypothèse** [ipɔtɛz] | Hypothese, Annahme |
| **une preuve** | Beweis |

| | |
|---|---|
| **un témoin** | Zeuge |
| **un témoignage** | (Zeugen-)Aussage |
| **un flic** *fam* | Bulle |
| **se douter de qc** | etw ahnen, vermuten |
| **défendre** | verteidigen |
| **une cause** | *ici:* (Rechts-)Sache, (Rechts-)Fall |
| **être hors de cause** | von jedem Verdacht freigesprochen sein |
| **une déposition** | Aussage *(bei der Polizei, vor Gericht)* |
| **un assassin** | Mörder |
| **avouer qc à qn** | jdm etw gestehen, zugeben |
| **le doute** | Zweifel |
| **un mineur, une mineure** | Minderjährige(r) |
| **juridique** | juristisch, rechtlich |
| **être responsable de qc** | *ici:* für etw haften |

## *2. Voiture et accident*

| | |
|---|---|
| **le sang** [sɑ̃] | Blut |
| **immobile** | bewegungslos |
| **la connaissance** | *ici:* Bewusstsein |
| **être sans connaissance** | bewusstlos sein |
| **reprendre connaissance** | wieder zu sich kommen |
| **renverser** | *ici:* umfahren |
| **médical, médicale** | medizinisch, ärztlich |
| **urgent, urgente** [yʀʒɑ̃] | dringend |
| **Le SAMU** [samy] **= le Service d'Aide Médicale Urgente** | *Notarzt* |
| **examiner** | untersuchen |
| **une civière** | Tragbahre |
| **un parking** | Parkplatz |
| **un frein** | Bremse |
| **violent, violente** | *ici:* scharf |
| **violemment** [vjɔ̃lamɑ̃] | heftig |
| **donner un violent coup de frein** | scharf bremsen |
| **freiner** | bremsen |
| **le freinage** | Bremsen |
| **une trace** | Spur |
| **des traces de freinage** | Bremsspuren |
| **un permis** | (schriftliche) Genehmigung, Erlaubnis |
| **le permis de conduire** | Führerschein |
| **la chaussée** | Fahrbahn |
| **reculer** | rückwärts fahren |
| **faire une marche avant** | ein wenig vorsetzen, vorfahren |

| | |
|---|---|
| **faire une marche arrière** | ein wenig zurücksetzen, rückwärts fahren |
| **passer la marche arrière** | den Rückwärtsgang einlegen |
| **le volant** | Lenkrad, Steuer |
| **donner un grand coup de volant** | das Lenkrad stark einschlagen |
| **grave** | schwer, schlimm |
| **un véhicule** | Fahrzeug |
| **heurter** [œrte] | *ici:* anfahren |
| **le heurt de qc** [œ̃r] | das Anfahren von etw, der Zusammenprall mit etw |
| **la conduite** | Fahren, Steuern |
| **une leçon de conduite** | Fahrstunde |
| **le sens** | *ici:* Richtung |
| **faire un demi-tour** | wenden, umdrehen |
| **effectuer une manœuvre** | ein Manöver durchführen |
| **démarrer** | losfahren |
| **un embouteillage** | Stau |
| **une bosse** | Beule |
| **doubler** | überholen |
| **accélérer** | beschleunigen, schneller fahren |
| **l'accélérateur** *m* | Gaspedal |
| **appuyer sur l'accélérateur** | auf das Gaspedal drücken, Gas geben |
| **une caisse** *fam* | Kiste |
| **une bagnole** *fam* | Karre |
| **une pendulette** | (kleine) Uhr |
| **le tableau de bord** | Armaturenbrett |
| **une aile** | Kotflügel |

| | |
|---|---|
| **enfoncer une aile** | einen Kotflügel eindrücken |
| **endommager** | beschädigen |
| **accrocher** | anfahren |
| **un chauffard** | Verkehrsrowdy |
| **mourir sur le coup** | auf der Stelle tot sein |
| **un phare** | Scheinwerfer |
| **éteindre** | löschen, ausschalten |

un clochard — der Obdachlose

un clé (clef) — der Schlüssel

la montre — die Armbanduhr

splendide — magnifique

# Chapitre 1

## *Où il est question d'un homme sous un grand arbre.*

Une des radios locales : « *Ici Radio-Villeneuve. Voici la suite de notre journal. Le « monstre des parkings » a encore frappé. Une fois de plus, un policier est mort, victime* de l'homme qui tue avec sa voiture. Quatre meurtres* en quelques semaines ! Chaque fois un agent de police ! Chaque fois sur un des parkings de notre ville ! La nuit dernière, un clochard a découvert sur le...* »

un S.D.F

Claude Michel a arrêté son autoradio. D'excellente humeur, il n'a pas du tout envie d'écouter de mauvaises nouvelles.

Il vient de se garer sur un parking, en face du restaurant « Le Moderne », au 12 de la rue Lafayette.

Il regarde sa montre.

– J'ai encore un peu de temps, se dit-il. Le repas commence à 12 heures 45 précises, et il est à peine une heure moins vingt.

Le repas... Le dernier mercredi du mois, Claude retrouve, au « Moderne », ses amis du « Club des Chasseurs ». Le « Moderne » est un très bon restaurant : on y sert des plats succulents ! Alors, Claude pense, très content, aux bonnes choses qui l'attendent.

Il arrête le moteur, descend, puis ferme sa voiture à clé.

12 **l'humeur** *f* [ymœr] Laune, Stimmung – 19 **à peine** kaum – 24 **succulent, succulente** [sykylɑ̃] köstlich, lecker

* siehe thematischer Wortschatz ab Seite 6

Il a garé sa Clio* blanche sous un grand arbre qui donne beaucoup d'ombre. L'arbre se trouve à un endroit un peu isolé, vers la partie arrière du parking. À son pied, on peut voir de tout petits buissons, et puis un peu d'herbe.

Claude a laissé son blouson d'été dans la voiture : il fait un temps splendide ! C'est une de ces belles et très chaudes journées de la fin avril qui donnent l'illusion qu'on est déjà en juillet ou en août.

Bon, il y a du vent. Mais enfin, le soleil brille. Et puis, Claude a vingt-quatre ans ; il a toute la vie devant lui ; et de cette vie, il sait qu'il peut en espérer beaucoup.

Oui, il le sait. Il en est sûr, même… jusqu'à cette seconde, cette petite seconde. Car, à présent, c'est la catastrophe !

Claude voit, à un mètre de lui, sous l'arbre, à peine caché par les petits buissons, un homme étendu sur le côté, les yeux fermés.

L'homme a le visage en sang*. Son bras droit paraît, d'après sa position, être cassé.

Le malheureux est totalement immobile*. Est-il mort ? Est-il sans connaissance* ?

Il porte un survêtement de jogging. Sur le blouson, on peut lire, écrit en grosses lettres : « C.S.P.V. ».

– Club Sportif de la Police de Villeneuve… Mon Dieu ! Un policier ! pense Claude Michel.

Claude est bouleversé. Il fait quelques pas en arrière, hésite, puis revient vers le corps*.

Le malheureux n'est vraiment pas beau à voir… Que s'est-il passé ? Est-ce qu'on l'a frappé ? Est-ce

2 **l'ombre** *f* Schatten – 5 **un buisson** Strauch – 5 **l'herbe** *f* [ɛrb] Gras – 7 **splendide** prächtig, herrlich – 15 **car** denn – 15 **à présent** jetzt – 19 **étendu, étendue** ausgestreckt, liegend – 24 **un survêtement** Trainingsanzug – 28 **bouleversé, bouleversée** [bulvərse] erschüttert, tief bewegt – 28 **un pas** Schritt, Tritt

une voiture qui l'a renversé* ? Est-ce encore une fois ce criminel qui… ?

Claude Michel fait quelques pas sur le parking, puis s'arrête. Toutes sortes d'idées lui passent par la tête. Et la première, c'est : remonter en voiture et partir de là vite, très vite !

– Car enfin, se dit-il, c'est ma Clio* qui est garée là, à un mètre du malheureux. On va tout de suite me soupçonner*, tout de suite penser que c'est moi qui ai fait le coup ! Avec cette histoire de criminel des parkings, les policiers sont nerveux : ils suivent la moindre piste*, s'intéressent au moindre indice !… Mais non ! Je ne peux pas partir maintenant ! Quelqu'un m'a vu peut-être : on va m'accuser* de non-assistance à personne en danger*. Ça va être le tribunal*, puis la prison* !… Il faut faire quelque chose – mais quoi ? Il faut prendre une initiative – mais quelle initiative ?… En tout cas, je ne peux pas rester là à ne rien faire. Il faut sauver* le malheureux – si ce n'est pas trop tard. Et donc donner l'alerte*, et vite !

Claude court à toutes jambes vers le « Moderne », où à présent, il entre.

– Eh ! Claude ! Tu ne dis plus bonjour ?

– Qu'est-ce qui ne va pas, Claude ? Qu'est-ce qui t'arrive ?

– Qu'est-ce qui s'est passé ? Raconte.

Mais Claude ne répond pas à ses camarades de chasse. Il ne les voit pas. Il ne regarde même pas la grande table bien décorée, prête pour le repas. Il traverse, nerveux, la salle du restaurant en direction du téléphone.

12 **le, la moindre** der (die, das) geringste, kleinste – 18 **en tout cas** auf jeden Fall – 20 **si** wenn, falls – 30 **prêt, prête** [prɛ] *ici:* gedeckt

– Commissariat de police Villeneuve-Sud, j'écoute.

– Je viens de découvrir le corps* d'un policier sur le parking de la rue Lafayette, en face du « Moderne ».

– Le corps*, vous dites ? Il est mort ?

– Oui… euh… non. Enfin, je n'en suis pas sûr. Il est, peut-être, seulement sans connaissance*.

– Il a les yeux ouverts ou fermés ?

– Fermés.

– Alors, il n'est pas mort : les morts ont les yeux ouverts… Comment savez-vous que c'est un policier ? Il est en uniforme ?

– Non, il porte le survêtement de votre club sportif.

– O.K., on arrive. Donnez-moi votre nom et votre adresse.

– Claude Michel, 13 rue de la République.

– Ici, à Villeneuve ?

– Oui.

– D'où est-ce que vous téléphonez ?

– Du « Moderne ».

– Très bien. Attendez-nous sur le parking. Et surtout, ne touchez à rien !

# Chapitre 2

*Où un des policiers soupçonne* Claude Michel.*

Quelques minutes après le coup de téléphone de Claude, la police est sur place, ainsi que le SAMU : une ambulance et la voiture d'un médecin.

Très vite, on identifie le blessé : il s'agit du brigadier* Pierre Nicaud, du commissariat de Villeneuve-Nord.

Le docteur examine* Nicaud, toujours étendu sur le côté, à l'ombre du grand arbre.

Les policiers sont nombreux : agents en uniforme, officiers de police en civil.

On prend des photos, beaucoup de photos : on photographie la voiture de Claude, le sol à différents endroits, puis le blessé, quand le médecin a terminé.

Un des policiers en civil prend des notes sur un carnet et il a, semble-t-il, beaucoup à écrire !

Les chasseurs, eux, sont groupés devant les fenêtres du restaurant. Et, de là, ils regardent ce qui se passe.

Ils voient qu'à présent, on transporte un corps* sur une civière* vers l'ambulance du SAMU. Ils voient aussi leur camarade, parmi les policiers.

Maintenant, Claude s'avance vers le milieu du parking. Et il leur fait des signes : il leur fait signe d'aller manger, de ne pas l'attendre.

Alors, les chasseurs se mettent à table : il est déjà une heure et cet après-midi, il leur faut retourner au travail !

4 **ainsi que** sowie, und auch – 14 **le sol** Boden – 18 **un carnet** Notizbuch, Heftchen – 25 **s'avancer** (vorwärts-)gehen

Bien sûr, ils n'oublient pas le pauvre Claude. Mais ils se disent que, dans quelques minutes, il va pouvoir lui aussi commencer à déjeuner.

Naturellement, ils sont curieux de savoir ce qui s'est passé, là-bas, sur le parking*. Pourquoi y a-t-il autant de policiers ? Et, surtout, pourquoi y a-t-il des policiers en civil ? Ce n'est sûrement pas un simple accident ! Est-ce un crime*, alors ? Est-ce encore un coup du « monstre des parkings », cet homme – la police suppose que c'en est un –, cet homme qui a le front de « signer » ses meurtres* ? Chaque fois des traces de freinage* ; toujours les mêmes pneus* ; toujours la même voiture. Donc, veut-il faire croire à des accidents ?

Quel rôle Claude a-t-il bien pu jouer dans cette affaire ? Tout à l'heure, quand il est sorti du restaurant, après son coup de téléphone, il a simplement murmuré quelques mots entre ses dents. Et les chasseurs ont cru comprendre qu'il parlait d'un blessé grave. Pourquoi était-il aussi nerveux, aussi bouleversé ?

« Bon, pensent-ils finalement, inutile de se poser plus de questions ! Claude va pouvoir très bientôt nous raconter ce qui est arrivé. »

À présent, ils sont en extase devant le pâté de foie gras truffé qu'on leur a servi comme hors-d'œuvre. Et ils se disent que Claude va l'aimer lui aussi.

Mais Claude Michel est bien loin de penser au foie gras ! Deux policiers sont en train de l'interroger* : l'inspecteur Charvin (l'homme au carnet) – 40 ans environ, petit, maigre, autoritaire, au ton de voix très sec –, et le commissaire Bouvier – 50-55 ans,

6 **autant de** soviel(e) – 16 **tout à l'heure** vorhin – 18 **murmurer** murmeln – 22 **inutile** unnötig, überflüssig – 25 **un pâté de foie gras truffé** [fwa] Gänseleberpastete mit Trüffeln – 31 **environ** ungefähr – 32 **sec, sèche** [sɛk] *ici:* schroff

grand, fort, plutôt sympathique. Les deux hommes paraissent ne pas très bien s'entendre…

– M. Michel, dit l'inspecteur, vous nous avez donné votre version des faits*. Maintenant, je vais vous présenter la mienne… Hypothèse* n°1 : l'accident. Vous arrivez sur le parking. Vous roulez vite, beaucoup trop vite : vous êtes de ces individus qui prennent les parkings* pour des pistes* de vitesse. Vous approchez de l'arbre. À un moment, pour une raison que j'ignore – vous avez le soleil dans les yeux, que sais-je ? –, vous perdez, un court instant, le contrôle de votre véhicule*. Quand vous pouvez, de nouveau, voir normalement, vous avez, devant vous, l'arbre à une dizaine de mètres, et puis un homme qui fait du jogging et qui vient de surgir de derrière le tronc. Vous freinez* brusquement. Mais c'est trop tard ! Vous heurtez* l'homme. Il tombe.

– Voyons, Charvin, dit le commissaire, vous exagérez ! Vous n'avez aucune preuve* de ce que vous dites : nous n'avons aucun témoin*. Et puis, vous avez vu la position du corps* : Nicaud n'est pas tombé en arrière ; il est tombé en avant, sans doute sur le bras droit.

– M. le commissaire, répond Charvin, vous avez vu, comme moi, les traces de freinage* : elles s'arrêtent juste derrière la voiture de M. Michel !

« Des traces de freinage* ? pense Claude Michel. Et moi qui ne les ai même pas remarquées ! Nom d'un chien ! Il ne manquait plus que ça ! »

5 **le mien, la mienne** [ləmjɛ̃, lamjɛn] der (die, das) meine, meine(r, s) – 10 **ignorer** [iɲɔre] nicht kennen – 12 **un instant** Augenblick – 14 **une dizaine de** etwa, ungefähr zehn – 15 **surgir** plötzlich auftauchen – 16 **un tronc** [trɔ̃] (Baum-)Stamm – 20 **ne… aucun, aucune** gar, überhaupt kein(e), kein(e) einzige(r, s) – 23 **sans doute** wahrscheinlich, vermutlich – 29 **ne… même pas** nicht einmal – 29 **nom d'un chien !** *fam* verdammt!

Claude, déjà très nerveux, devient agressif :

– M. l'inspecteur, votre deuxième hypothèse*, je vais vous la dire. Le « monstre des parkings », c'est moi ! C'est bien ça, n'est-ce pas ? D'ailleurs, tout y est ! Parking, voiture, blessé grave, traces de freinage* : tout est là, vraiment ! Eh bien, qu'est-ce que vous attendez pour m'arrêter ?

– M. Michel, dit alors le commissaire, calmez-vous. Personne n'a dit que…

Mais Bouvier n'a pas le temps de terminer sa phrase. Un agent vient de descendre d'une des voitures de police. Il s'est approché du groupe. Il s'adresse à Bouvier :

– M. le commissaire, je viens de recevoir un message par radio. Ça vient du commissariat.

Charvin, Bouvier et l'agent s'éloignent de quelques pas. Ils ont une courte conversation à voix basse, puis le commissaire revient vers Claude.

– M. Michel, pouvez-vous me répéter l'heure exacte de votre découverte du blessé ? Faites bien attention à ce que vous allez dire ! Si vous mentez, vous savez ce qui vous attend ! Un faux témoignage*, ça peut vous coûter cher ! C'est bien compris ?

– Oui, M. le commissaire, répond Claude d'une voix résignée. J'ai découvert le corps* du brigadier* entre une heure moins vingt-cinq et une heure moins vingt. Plus près d'une heure moins vingt. Disons, 12 heures 37, 12 heures 38.

– Très bien, M. Michel, vous pouvez aller déjeuner.

4 **d'ailleurs, tout y est !** es ist ja alles da! – 15 **un message** Meldung, Mitteilung – 15 **par radio** über Funk

– Hein ? Comment ?… Bon. Ça, c'est votre avis. Et qu'en pense votre inspecteur ? Il ne me soupçonne* plus ? Pourquoi ?

– Quelqu'un a découvert le blessé avant vous.

– Quelqu'un ? Qui est-ce ?

– Ah, ça, je ne peux pas vous le dire… Je vous prie de ne pas quitter la région, et de passer me voir demain matin à 9 heures au commissariat.

– Bien, M. le commissaire.

# Chapitre 3

*Où on parle d'un « cancre » sympathique qui va jouer, dans cette histoire, un rôle important.*

Dix heures trente. Julien Hébert se lève. Il a fait la grasse matinée. Aujourd'hui, c'est mercredi : il n'a pas classe !

Il ouvre les volets de sa chambre et laisse la fenêtre ouverte. Puis, encore en pyjama, il joue un moment avec son ordinateur individuel : son « PC », ou encore son « micro », comme il dit.

Julien a dix-sept ans. Et il est encore en troisième ! Eh oui, il a deux ans de retard. Il a redoublé deux fois.

Il n'aime pas le collège. Ces devoirs qu'il faut faire, ces leçons qu'il faut apprendre le soir, le mercredi et même pendant le week-end, quelle barbe !

Il a horreur des maths, du français, de l'histoire-géo, de la biologie, de la physique-chimie... Non, lui, ce qu'il aime (mais ça ne l'empêche pas d'avoir des notes très moyennes !), c'est l'allemand et l'anglais.

Pourquoi l'allemand ? Oh ! C'est très simple : Simone (« Zimôné », comme il dit), sa correspondante allemande, est très mignonne.

L'anglais ? Ce qu'il apprend pendant les cours (pas à la maison !) lui permet de comprendre, en partie, les chansons du hit-parade, qu'il écoute tous les soirs à la radio.

1 **un cancre** *fam* schlechter Schüler – 5 **faire la grasse matinée** bis in den Tag hinein schlafen – 7 **un volet** Fensterladen – 9 **un ordinateur** Computer – 12 **redoubler** eine Klasse wiederholen, sitzen bleiben – 16 **quelle barbe !** wie öde! – 20 **moyen, moyenne** [mwajɛ] mittelmäßig – 24 **mignon, mignonne** niedlich, hübsch – 26 **permettre à qn de faire qc** jdm erlauben etw zu tun

Bon, Julien est mauvais élève. Mais il a aussi des qualités. Il est bricoleur : c'est lui qui, dans l'appartement, fait les petites réparations (électricité, robinets, etc.). Et puis, il s'intéresse aux ordinateurs : il faut dire que son père est directeur commercial d'une usine de « micros » (de micro-ordinateurs !). Bien sûr, ce que Julien aime surtout, ce sont les jeux qu'on peut faire avec les PC. Mais enfin, il pose souvent des questions à son père, et ce dernier y répond avec plaisir.

Julien se rend dans la cuisine pour prendre son petit déjeuner. Il est seul, dans le grand appartement. Comme tous les mercredis, sa mère est allée faire sa partie de tennis avec une amie. Ensuite, elle a rendez-vous chez le coiffeur. Bref, elle va rentrer à la maison vers deux heures, et préparer le repas pour elle et pour Julien : M. Hébert, lui, mange, chaque midi, au restaurant de son entreprise.

Julien trouve, sur la table de la cuisine, deux petits pains au chocolat, sa tasse (avec son prénom dessus), deux sachets de thé, la boîte de sucre et une petite cuillère. Eh oui, sa mère a pensé à lui : tout est prêt pour son petit déjeuner ! Il n'a plus qu'à mettre l'eau à chauffer sur la cuisinière. Julien est un enfant gâté…

Et pourtant, ce matin, il n'est pas content. Il a bien dormi, c'est sûr, mais il est inquiet, très inquiet même ! Hier, sa mère est allée voir le directeur du collège… Oh ! Ce n'est pas la première fois que Mme Hébert doit se rendre au collège Émile Zola à cause de son fils. Mais jusqu'à présent, c'étaient

2 **être bricoleur** heimwerklich begabt sein – 16 **bref** [brɛf] kurz und gut, kurzum – 22 **un sachet de thé** Teebeutel – 25 **une cuisinière** *ici:* Kochherd – 26 **gâté, gâtée** verwöhnt – 31 **Émile Zola** [emilzɔla] französischer Schriftsteller (1840-1902)

les professeurs du garçon qui demandaient à la voir. Cette fois, c'est le principal en personne qui l'a priée de venir !

– La situation scolaire de votre fils est catastrophique, a dit le directeur. S'il continue comme ça, il ne va pas pouvoir passer au lycée !... Écoutez, il a redoublé sa quatrième. Il est en train de redoubler sa troisième. Il ne peut pas tripler sa classe ! Ça ne va pas !... En tout cas, pas chez nous ; et pas non plus dans un autre établissement public !... Que faire ?... Je sais que, plusieurs fois, Julien a pris (ou plutôt essayé de prendre) des leçons particulières, mais que, très vite, sa paresse a découragé ses professeurs. Mais je pense quand même qu'il faut faire un dernier essai. Je connais deux étudiants que j'ai contactés et qui sont prêts à lui donner des cours dans les matières principales : l'un en maths et physique-chimie, l'autre en français (orthographe, grammaire et rédaction). Ce sont des garçons sérieux et compétents, d'anciens élèves du collège... Bon, ne vous faites pas trop d'illusions : nous sommes fin avril ; les vacances de Pâques sont terminées ; le troisième trimestre a commencé... Bref, il ne reste que très peu de temps... Enfin, on ne sait jamais : si Julien prend des cours intensifs, si vous le surveillez bien quand il travaille à la maison, peut-être que... Voici, en tout cas, les numéros de téléphone des deux étudiants. Appelez les garçons dès aujourd'hui et demandez-leur de commencer les leçons dès demain.

2 **le principal** Leiter eines „collège" – 4 **scolaire** Schul-, schulisch – 8 **tripler une classe** die Klasse noch einmal wiederholen – 10 **un établissement** *ici:* Schule – 11 **public, publique** öffentlich – 13 **une leçon particulière** Privatstunde – 13 **la paresse** Faulheit – 14 **décourager** entmutigen – 26 **surveiller** überwachen – 29 **dès aujourd'hui** [dɛzojurdɥi] schon, gleich heute

Voilà ce qu'il a dit, M. le principal ! Et Julien sait ce que ça signifie. S'il ne passe pas en seconde, ça va être l'internat ! Il n'y a qu'un établissement privé, dans la région : à 100 kilomètres d'ici. Alors, finis les bons petits plats, à midi et le soir ! Finies les sorties, la liberté !... Un des copains de Julien y est, dans cette école : des classes de 10-12 élèves, des profs sévères, une sortie le mercredi après-midi jusqu'à six heures. Et le week-end seulement à la maison !

Julien a si peur qu'il a pris son petit déjeuner à toute vitesse ! Il court, à présent, vers sa chambre, y entre, prend sa serviette et en sort le cahier où il note les devoirs à faire et les leçons à apprendre.

– Bon. Alors, pour demain, j'ai une leçon d'histoire, des exercices de maths, une rédaction et des exercices d'allemand.

Il s'est installé à son bureau, où il y a son PC. Il prend son livre de maths.

– Voyons... Alors, exercices n°6, 8 et 9, page 75... Oh là là ! De l'algèbre ! L'horreur !

Il lit l'énoncé du premier exercice.

– Qu'est-ce que c'est que ce truc ? Qu'est-ce qu'il faut faire ? Je n'y comprends rien !

Il relit l'énoncé, réfléchit... Peu à peu, son regard quitte la page 75 et se dirige vers la fenêtre, puis vers l'ordinateur, et de nouveau vers la fenêtre. Il entend les bruits confus qui montent de la rue : le bruit des voitures, des camions, des motos ; le bruit des conversations. Il voit le soleil, dehors, imagine la vie animée du quartier... Alors, tout à coup, il se lève et, à grands pas, il va dans la salle de bains.

2 **signifier** bedeuten – 8 **sévère** streng – 15 **une rédaction** Aufsatz in der Schule – 21 **un énoncé** Anweisung – 22 **un truc** *fam* Ding – 27 **confus, confuse** [kõfy] konfus, wirr – 30 **la vie animée** *ici:* das geschäftige Treiben

Après une toilette rapide, il s'habille et quitte l'appartement. En quelques secondes, il a fait son programme scolaire de la journée. Julien est un paresseux, mais un paresseux… intelligent !

Il s'est dit :

– Cet après-midi, de trois heures à quatre heures, j'ai ma leçon particulière avec l'étudiant en maths. Alors, on va faire les exercices. De cinq à six, l'autre étudiant est là : la « rédac », pas de problème ! Demain matin, je n'ai pas cours de huit à neuf : exercices d'allemand et leçon d'histoire. Et voilà !

Julien ouvre à présent, dans la cour, le garage où les gens de la maison mettent leurs motos, leurs vélos, leurs mobylettes. Il prend sa « mob », la pousse jusque dans la rue. À cette heure-là, normalement, Christian – « Chris », comme on l'appelle – fait de la mobylette dans le quartier.

Chris, c'est le meilleur copain de Julien. Il a le même âge que lui. Mais il est en première, au lycée. Il n'a pas redoublé, lui !… Il a classe, le mercredi matin. Cette année, cependant, il n'a pas cours de onze à douze.

Julien fait un petit tour de mob dans le quartier… Pas de Chris ! C'est drôle, ça !

Toujours en mobylette, il se rend chez les parents de Christian, qui habitent à 100 mètres à peine de l'immeuble des Hébert.

– Chris ? lui demande la mère de son copain. Non, il n'est pas là. Au retour du lycée, il a posé en vitesse sa serviette dans sa chambre, et il est reparti. Je ne sais pas où il est.

4 **un paresseux** → la paresse – 21 **cependant** jedoch – 27 **un immeuble** mehrstöckiges Wohnhaus

Julien est déçu. Il remonte sur sa mob, puis regarde l'heure à sa montre :

– Onze heures et demie ! Seulement ! Qu'est-ce que je vais faire jusqu'à deux heures ?

Il fait encore un tour de mob, puis retourne à son immeuble. L'air triste et résigné, il remet sa mobylette dans le garage. Sur le parking, dans la cour, il y a la voiture de son père. Il l'a déjà vue, tout à l'heure, quand il est descendu. Et il s'est dit :

– Tiens ! Papa n'a pas pris sa voiture, aujourd'hui.

Il regarde la magnifique Peugeot bleue qui brille au soleil… Et là, tout à coup, il a une idée… Mais oui ! C'est la solution ! Pourquoi n'y a-t-il pas pensé plus tôt ?… Il va aller voir Pauline, sa petite amie – mais pas en mob, en Peugeot !… Son père lui a donné cinq ou six leçons de conduite*. Il a l'habitude de la voiture. Donc, ça va aller ! Oui, il va bien y arriver !

1 **déçu, déçue** enttäuscht – 6 **l'air** *m ici:* Miene – 11 **magnifique** [maɲifik] herrlich, wunderschön – 17 **avoir l'habitude de qc** [abityd] an etw gewöhnt sein

# Chapitre 4

*Où on reparle de Julien Hébert et… du grand arbre.*

Julien monte quatre à quatre les escaliers de l'immeuble jusqu'à l'appartement, entre, prend les clés de la voiture dans le tiroir de la table de nuit de son père (c'est toujours là que M. Hébert les met), puis redescend.

Il a de la chance : la Peugeot est garée dans le bon sens*, dans la direction de la rue. Il ne va pas avoir à faire un demi-tour* dans la cour. Les manœuvres* compliquées, il ne sait pas encore les effectuer*.

Il monte dans la voiture, met le moteur en marche, puis démarre*.

À présent, il roule dans la rue… lentement, très lentement ; bientôt, il cause presque un embouteillage*. Il faut dire qu'il a peur : c'est la première fois qu'il conduit seul ; d'habitude, son père est là, à côté de lui. Et puis, il n'a pas envie d'avoir un accident ! M. Hébert ne plaisante pas avec sa voiture. La moindre bosse*, et ce serait le drame !

Des conducteurs, en colère, doublent* Julien et lui font ce signe « sympathique » qui consiste à mettre un doigt sur son front et à le tourner avec énergie. Et ce signe veut dire en bon français : « Ça va pas la tête ? Vous êtes complètement fou… ou folle ! »

5 **un tiroir** Schublade – 19 **plaisanter** scherzen, spaßen – 20 **ce serait** das wäre – 23 **consister à faire qc** darin bestehen, etw zu tun

Le garçon est très gêné. Il est tout rouge, ne sait que faire, regrette déjà sa décision. Il se sent ridicule.

Au bout d'un moment, il se calme. Il a moins peur. Oui, ça va déjà beaucoup mieux. Il accélère.

Dans dix minutes-un quart d'heure, il va arriver rue Lafayette, où habite sa copine.

Elle est gentille, Pauline : toujours de bonne humeur, toujours en forme. Et puis, elle est jolie !... Peut-être pas aussi mignonne que « Zimôné », mais quand même ! Julien lui-même n'est pas mal du tout : il plaît beaucoup aux demoiselles !

Pauline a dix-sept ans ; elle est en première, dans la classe de Chris. C'est l'« intellectuelle » du couple. Julien, lui, en est le « technicien ». Ils vont plusieurs fois par semaine à la M.J.C. Ils font partie, entre autres, du club écologie. Ils participent à toutes les « manifs » des « écolos » contre la pollution de l'air, des rivières, contre la mort des forêts, etc... Au fait, comment Julien accorde-t-il ses opinions « vertes » avec son goût pour les ordinateurs, les voitures et les mobs ? C'est un mystère...

Le samedi soir, Pauline et lui vont au « ciné » avec Chris et sa « meuf ». Puis, tous les quatre, ils vont « en boîte ».

Julien imagine la tête que va faire sa petite amie, tout à l'heure. Il se représente la scène :

2 **une décision** Entscheidung – 3 **ridicule** lächerlich – 14 **un couple** *ici:* Pärchen – 16 **faire partie de qc** zu etw gehören – 18 **une manif** *fam* une manifestation (Demo(nstration)) – 18 **un, une écolo** *fam* un, une écologiste (Umweltschützer(in)) – 18 **la pollution** [pɔlysjõ] Verschmutzung – 20 **accorder qc avec qc** etw mit etw in Einklang bringen – 21 **le goût** *ici:* Neigung – 22 **un mystère** [mistɛr] Geheimnis, Rätsel – 24 **une meuf** *fam, verlan* une femme (*ici:* Freundin) – 24 **aller en boîte** *fam* in die Disco gehen

*Lui (très macho) : Viens, Popaul (c'est comme ça qu'il l'appelle), j'ai une surprise pour toi.*

*Elle (intéressée) : Une surprise ? Qu'est-ce que c'est ?*

*Lui (très logique) : Si je te dis ce que c'est, ça va plus être une surprise ! (Puis, à la manière de l'acteur américain à la mode :) Bon. Allez, amène-toi. On se casse !*

*Elle (étonnée par ce ton qu'elle ne lui connaît pas) : Mais qu'est-ce que tu as ?*

*Lui : Rien, rien ! T'inquiète pas.*

*Ensuite, ils vont descendre dans la rue, arriver devant la belle voiture bleue. Julien va ouvrir la porte, côté droit, et dire :*

*– La voilà, la surprise !... Monte.*

*– Mais, c'est la caisse* de ton père !*

*– Oui. Et alors ?*

*– T'as pris la bagnole* de ton vieux ? T'es complètement dingue : tu sais à peine conduire !*

*– Monte, je te dis ! On va aller faire un petit tour sur l'autoroute... Ça te branche pas ?*

*– Si, je... euh... Mais roule lentement, hein !*

Julien arrive, à présent, dans la rue Lafayette. Il passe devant le « Moderne », puis tourne à gauche : la rue fait un coude, à l'angle du parking.

Il se gare devant l'immeuble de sa petite amie, puis regarde la pendulette*, sur le tableau de bord* de la voiture.

– Midi vingt : ça va, se dit-il. Il me reste une heure pour faire mon tour de Peugeot avec Pauline : ses parents déjeunent en général assez tard, vers 13 heures 15-13 heures 30.

6 **un acteur** Schauspieler – 8 **se casser** *fam* partir, s'en aller (abhauen) – 19 **dingue** *fam* fou (bekloppt) – 21 **ça te branche pas ?** macht dich das nicht an? – 25 **un coude** *ici:* Biegung – 25 **un angle** *ici:* Ecke

Là encore, le garçon a eu de la chance : des véhicules* sont garés au bord du trottoir, mais devant chez sa copine, il y avait de la place pour deux voitures.

Julien descend de la voiture, prend l'ascenseur, puis sonne à la porte de l'appartement. C'est la mère de Pauline qui le reçoit :

– Tiens ! Bonjour, Julien. Comment allez-vous ?

– Ça va… enfin, à peu près.

– Je suppose que vous voulez voir Pauline ?… Elle n'est pas là. Elle est allée faire ses devoirs chez sa copine Sylvie. Elle va manger là-bas et ne rentrer qu'en fin d'après-midi. Je vais lui dire que vous êtes venu. Elle va sûrement vous passer un coup de fil.

– Eh ben, ça alors ! dit Julien d'un ton furieux.

– Qu'est-ce qu'il y a ?

– Aujourd'hui, répond le garçon, tous les gens que je vais voir ne sont pas là !

– Ce sont des choses qui arrivent.

– Oui… Bon. Au revoir, madame.

– Au revoir, Julien.

Le garçon est plus que déçu…

De retour dans la rue, il constate que la voiture de son père est pratiquement bloquée entre une Renault, qui était déjà là tout à l'heure et une camionnette, qui s'est garée là entre-temps. Comment va-t-il faire, lui, Julien, le débutant aux six leçons de conduite*, pour sortir la Peugeot de ce piège ?

Au bout de plusieurs minutes d'efforts inutiles, il demande à un passant de l'aider. L'homme sort la Peugeot d'entre les deux véhicules*. Julien le

9 **à peu près** *ici:* einigermaßen – 14 **un coup de fil** *fam* un coup de téléphone (Anruf) – 15 **furieux, furieuse** wütend – 23 **constater** feststellen – 27 **un débutant** Anfänger – 29 **un piège** Falle – 30 **un effort** Bemühung – 30 **inutile** *ici:* vergeblich

remercie, et le passant continue son chemin, après avoir murmuré des paroles peu aimables sur ces jeunes à qui on fait cadeau du permis de conduire* !

Mais, pour le garçon, les problèmes ne font que commencer ! Car, à présent, il voit qu'il va devoir faire un demi-tour* sur la chaussée* !

Eh oui ! Il ne peut pas continuer tout droit : à vingt mètres, devant lui, la rue Lafayette se termine, et c'est le début de la zone piétonne. Il y a bien une rue, à gauche, après le parking, mais elle est barrée : travaux !

Maintenant, la Peugeot est garée sur la chaussée*, à côté de la Renault. À gauche, il y a le trottoir d'en face, puis les poteaux de ciment qui, avec leurs chaînes, marquent la limite du parking*. Quelques chaînes sont à terre, cassées.

Julien commence la manœuvre*. Une marche avant* d'abord, jusqu'au trottoir. À présent, il va falloir reculer* ! Le garçon n'arrive pas à passer la marche arrière*... Il s'énerve... Ah ! Enfin, il y arrive... Encore une marche avant*, puis une marche arrière*... La même chose ensuite, une nouvelle fois... Julien est de plus en plus nerveux... Ça y est ! Maintenant, il va pouvoir aller tout droit : il va lui suffire de tourner le volant* à gauche... Le garçon est dans un état d'extrême nervosité... Il tourne trop le volant*, appuie trop fort sur l'accélérateur*... La voiture part vers la gauche, en direction des véhicules* garés... Julien donne un grand coup de volant* à droite... puis perd complètement le contrôle de la voiture. La Peugeot

10 **une zone piétonne** Fußgängerzone – 11 **barré, barrée** gesperrt – 15 **un poteau** Pfosten – 16 **une chaîne** Kette – 26 **il suffit de faire qc** es genügt, wenn man etw tut

monte sur le trottoir, heurte* un des poteaux en ciment, puis continue sa course folle sur le parking… Julien a le pied bloqué sur l'accélérateur*, et il tourne le volant* à droite, et il tourne encore, et encore !… En pleine panique, il voit, tout à coup, à dix mètres de lui, un grand arbre… Dans un dernier réflexe, il donne un violent coup de frein*, puis ferme les yeux… La voiture approche de l'arbre… Elle n'est plus qu'à deux mètres à peine… Mais finalement, elle s'arrête à quelques centimètres du pied du grand arbre.

Julien descend de la voiture. Tout son corps* tremble. Ses jambes le portent à peine… Il voit alors l'aile* gauche de la Peugeot : elle est dans un triste état, résultat du heurt* du poteau en ciment. Oui, vraiment, elle n'est pas belle à voir !

– Aïe aïe aïe ! Ça va être le drame, à la maison, quand papa va voir ça !

Julien imagine déjà la colère de son père, la scène terrible qu'il va lui faire…

Le regard du garçon quitte l'aile* de la voiture. Et la découverte qu'il fait maintenant, c'est plus qu'une catastrophe : c'est la fin d'une jeunesse, la fin d'un univers, la fin du monde entier !… Le garçon aperçoit devant lui, sous l'arbre, un homme à terre, en survêtement de jogging, les yeux fermés, le visage en sang*, le bras droit dans une position bizarre.

Julien se met à crier :

– J'ai tué un homme ! J'ai tué un homme !

Puis il commence à courir. Il court sur le parking, il ne sait pas où il va, il ne sait plus ce qu'il fait.

13 **trembler** zittern – 17 **aïe aïe aïe !** au weh! – 25 **apercevoir** erblicken

Tout à coup, il s'arrête : il vient de se souvenir qu'il a laissé la Peugeot, là-bas, sous le grand arbre. Vite, il retourne à la voiture.

Sur le tableau de bord*, la pendulette* marque 12 heures 32.

Vingt-cinq minutes plus tard, de retour à la maison, il va dans sa chambre, se jette sur son lit, puis éclate en sanglots.

Au bout d'un moment, il se calme, réfléchit :

– Est-ce que l'homme est vraiment mort ?... Ce n'est pas sûr... Peut-être qu'il est seulement blessé... Dans ce cas, il faut lui venir en aide... Je vais téléphoner à la police... Oui, c'est une bonne solution !... Je vais dire que j'ai découvert le corps* d'un homme sur le parking* de la rue Lafayette... Je vais même donner l'heure exacte de la découverte... Comme ça, je ne mens pas tout à fait... Et si le « flic* » me demande pourquoi j'ai attendu aussi longtemps avant de donner l'alerte*, je lui dis que j'ai pris peur, que je me suis sauvé* et que je suis d'abord rentré chez moi. Là encore, je ne mens pas vraiment... Et puis, s'il me demande mon nom, je raccroche... O.K., allons-y !

Et Julien compose le numéro du commissariat de Villeneuve-Sud.

8 **éclater en sanglots** in Schluchzen ausbrechen – 12 **dans ce cas** dann, also – 17 **mentir** lügen – 17 **tout à fait** ganz – 23 **raccrocher** (den Hörer) auflegen – 24 **composer** *ici:* wählen

# Chapitre 5

*Où il est à nouveau question du brigadier* Nicaud.*

Quinze heures dix. Pierre Nicaud ouvre les yeux. Et, tout de suite, il sent une forte douleur dans son bras droit qui, comme il le constate à présent, est bandé. Son visage aussi lui fait mal : son front, ses joues.

– Où suis-je ? pense-t-il. Qu'est-ce que je fais dans ce lit que je ne connais pas, vêtu d'un pyjama qui n'est pas à moi ?

Il regarde autour de lui, voit des murs blancs et, assise sur une chaise, une jeune femme en blouse blanche qui, maintenant, l'observe avec attention.

Elle se lève, puis compose un numéro sur le téléphone posé sur la table de nuit.

– Docteur Martin ?... Le malade a repris connaissance*... Très bien. À tout de suite !

Pierre Nicaud se dit :

– Murs blancs... blouse blanche... docteur Martin... C'est à l'hôpital que je suis !... Mon Dieu, qu'est-ce qui s'est passé ?... Qu'est-ce qui m'est arrivé ?

On frappe. Un homme de quarante ans environ, vêtu lui aussi d'une blouse blanche, entre. Sympa. Énergique. Il se présente tout de suite.

– Docteur Martin. Comment vous sentez-vous ?

Nicaud a de la difficulté à parler.

4 **une douleur** Schmerz – 6 **bandé, bandée** verbunden – 9 **être vêtu de qc** mit etw bekleidet sein – 12 **une blouse** Kittel – 13 **observer** beobachten – 25 **se présenter** sich vorstellen

– Si vous êtes trop fatigué, continue Martin, ne me répondez pas.

– Si. Ça va, docteur, ça va, dit Nicaud d'une voix faible.

– Vous vous demandez sans doute ce qui vous est arrivé ? Eh bien, on vous a trouvé sur le parking de la rue Lafayette, en survêtement de jogging, sans connaissance*, au pied d'un arbre. Vos collègues de Villeneuve-Sud ne savent que penser. Est-ce un accident ? Est-ce le « monstre des parkings » ? Ils se perdent en suppositions de toutes sortes.

– Et qu'est-ce que j'ai, docteur ? demande Nicaud.

– Des blessures à la face, mais sans gravité. Par contre, vous avez une double fracture du bras droit… Bon. Nous avons le choix entre deux solutions : ou bien on réduit simplement la fracture ; autrement dit, on remet seulement les os en place ; ou bien on opère… Vous êtes droitier ou gaucher ?

– Je suis droitier.

– Alors, dans ce cas, je crois qu'il vaut mieux opérer. Avec une simple réduction, vous risquez de ne plus pouvoir vous servir de votre bras aussi bien qu'avant. Mais avec une opération, pas de problème ! … Écoutez, réfléchissez. Et donnez votre réponse à l'infirmière. Moi, maintenant, je dois filer : j'opère dans dix minutes… Ah ! Encore une chose. Il y a, dans le couloir, un inspecteur qui désire vous poser quelques questions. Est-ce que vous êtes d'accord ?

14 **sans gravité** *ici:* leicht – 15 **par contre** *ici:* dafür, andererseits – 15 **une fracture** (Knochen-)Bruch – 17 **réduire une fracture** die gebrochenen Knochen einrenken – 22 **il vaut mieux**… es ist besser… – 23 **une réduction** → réduire – 27 **une infirmière** Krankenschwester – 29 **un couloir** Gang, (langer) Flur

– Oui, docteur, répond Nicaud.

Puis le médecin s'adresse à l'infirmière :

– Mademoiselle, au moindre signe de fatigue chez le malade, stoppez l'interrogatoire*. C'est compris ? Je compte sur vous.

– Bien, docteur

Quelques minutes après, l'inspecteur entre. C'est Charvin, le policier qui, tout à l'heure, a interrogé* Claude Michel sur le parking. Toujours aussi autoritaire, toujours aussi sec, il commence tout de suite :

– Alors, brigadier*, racontez-moi comment ça s'est passé.

Nicaud ne répond pas. Il réfléchit. Le médecin a parlé d'un survêtement de jogging. Oui, Pierre se souvient : il a fait du jogging, ce midi, et à un moment, il est arrivé sur le parking de la rue Lafayette, et là…

– Eh bien, brigadier*, vous répondez ?

– Du calme, du calme ! dit l'infirmière, le malade est en état de choc et…

– Excusez-moi, mademoiselle, répond l'inspecteur.

Deux bonnes minutes passent, puis Pierre Nicaud se met à parler.

– Je faisais du jogging. Je suis arrivé sur le parking de la rue Lafayette. J'ai fait une quinzaine de mètres. Et, tout à coup, j'ai vu un objet volant qui tombait du ciel, à grande vitesse, dans ma direction. Puis plus rien. Non, après, je ne me souviens plus de rien.

– Un objet volant ! Un objet volant ! dit l'inspecteur à l'infirmière. Pourquoi pas une soucoupe volante ? Votre malade a la fièvre, il délire !

27 **un objet volant** Flugobjekt – 32 **une soucoupe volante** fliegende Untertasse – 33 **délirer** im Delirium, Fieberwahn sein

– M. l'inspecteur, nous arrêtons immédiatement l'interrogatoire* !

– Mais enfin, mademoiselle, laissez-moi faire mon métier !

Entre-temps, le patient a de nouveau fermé les yeux. L'inspecteur n'insiste pas. Il quitte la chambre.

1 **immédiatement** sofort, unverzüglich – 6 **il n'insiste pas** *ici:* er gibt nach

# Chapitre 6

*Où on parle de M. Hébert, le père de Julien, et… d'une aile* gauche fortement endommagée*.*

Dix-sept heures cinquante-cinq. Un taxi s'arrête devant l'immeuble de Julien. M. Hébert en descend, après avoir réglé sa course. Puis, à pas lents, il se dirige vers la cour de la maison.

Il est fatigué. Hier, il a travaillé, à l'usine, jusqu'à deux heures du matin. Et, aujourd'hui, il s'est levé à sept heures pour aller à son check-up, sa visite médicale annuelle. Chez un nouveau médecin, en plus, qu'il ne connaissait pas ! Après le check-up, il est allé directement à sa fabrique de micro-ordinateurs.

Il arrive sur le petit parking, dans la cour de l'immeuble.

Il veut prendre, dans sa voiture, des documents publicitaires qu'il y a laissés la veille.

Quand il l'aperçoit, il devient tout pâle : l'aile* avant gauche est presque complètement enfoncée* !

Il sent la colère monter en lui. Il prend ses documents, puis, malgré la fatigue, à toute vitesse, il se rend à son appartement.

Quand il entre, sa femme voit aussitôt qu'il a son visage des mauvais jours. Il la salue à peine et, tout de suite, sur un ton sec, lui demande :

– Tu as pris la voiture, aujourd'hui ?

5 **régler une course** eine (Taxi-)Fahrt bezahlen – 9 **une visite médicale** ärztliche Untersuchung – 10 **annuel, annuelle** jährlich – 16 **des documents** *mpl* **publicitaires** Werbeunterlagen – 17 **la veille** am Vortag – 25 **saluer** grüßen

– Non, pourquoi ? répond-elle. Pour la partie de tennis, Monique est venue me chercher avec sa voiture et je suis rentrée en bus de chez le coiffeur.

– Et Julien, où est-il ?

– Julien ? Il est dans sa chambre. Il a son cours de français jusqu'à six heures... Enfin, tu le sais bien ! Je te l'ai dit ce matin ! C'est terrible avec toi ! Tu n'écoutes pas ce qu'on te dit !... Mais pourquoi fais-tu cette tête-là ?

– Tu as vu la voiture ?

– Non, je ne suis pas allée dans la cour, aujourd'hui... Qu'est-ce qu'elle a ?

– Elle a l'aile* gauche enfoncée* ! Voilà ce qu'elle a, la Peugeot !

À ce moment, Julien sort de sa chambre avec l'étudiant. Ce dernier prend congé et c'est l'interrogatoire* du garçon qui commence :

– Qu'est-ce que tu as fait, aujourd'hui, Julien ?

Le garçon rougit. Il essaie de prendre un ton naturel pour répondre, mais n'y arrive pas tout à fait.

– Eh ben, ce matin, j'ai fait mes devoirs. Ensuite, j'ai fait un tour de mob dans le quartier. Après, maman est arrivée. On a mangé. Et, cet après-midi, j'ai eu mes deux leçons particulières. Voilà ce que j'ai fait, papa. C'est tout simple. Mais pourquoi est-ce que tu me demandes ça ?

– Un petit instant, je vais te l'expliquer tout de suite... Dis-moi, tu n'as pas pris la voiture, par hasard ?

Julien rougit à nouveau. Mais une fois encore, il réussit à répondre sur un ton à peu près naturel :

– Voyons, papa, je sais à peine conduire. Et puis, je n'oserais jamais faire une chose pareille !

16 **prendre congé** Abschied nehmen – 34 **oser** wagen – 34 **une chose pareille** so etwas

Mme Hébert se doute* de quelque chose.

– Jacques, arrête cet interrogatoire*. On n'est pas au commissariat, enfin ! Tu pourrais au moins expliquer à Julien ce qui s'est passé !

– Bon, d'accord. Eh bien, quelqu'un a enfoncé* l'aile* gauche de la Peugeot. Et ce n'est pas tout : hier, il me semble que je m'étais garé dans la direction de la rue. Et, tout à l'heure, la voiture était garée dans l'autre sens*. Alors, qu'est-ce que vous en pensez, tous les deux ?

Cette fois, Mme Hébert est presque sûre que c'est bien Julien qui a fait le coup. Mais elle continue à le défendre*.

– Voyons, Jacques, peut-être que quelqu'un s'est garé à côté de la voiture et… et il l'a accrochée* ! Et puis, on ne se souvient pas toujours si on a parqué sa voiture dans un sens* ou dans un autre. Tu as dit toi-même : « Il me semble que ». N'oublie pas que tu es rentré à deux heures et demie du matin. Tu devais être fatigué et…

M. Hébert préfère ne pas répondre, de peur d'être agressif. D'ailleurs, à quoi bon discuter ? Sa femme et son fils forment un front contre lui… En tout cas, une chose est sûre : on lui ment.

– Julien, dit-il, si tu retrouves la mémoire, viens me voir, d'accord ?

Puis il quitte la pièce et se rend dans son bureau, à côté de sa chambre.

Au dîner, l'atmosphère est sinistre : personne ne prononce une seule parole ! Il faut dire que Julien ne s'est naturellement pas dénoncé.

Vers dix heures, après avoir regardé un moment la télévision, les Hébert se séparent, toujours en silence, et vont se coucher.

3 **au moins** wenigstens – 22 **à quoi bon** wozu – 25 **la mémoire** Gedächtnis – 29 **sinistre** *ici:* bedrückt – 33 **se séparer** sich trennen

# Chapitre 7

*Où on voit que le commissaire Bouvier a une bonne mémoire.*

Neuf heures. Claude Michel arrive au commissariat de Villeneuve-Sud. Il frappe à la porte du bureau des inspecteurs et, de là, on le conduit dans la pièce occupée par Bouvier.

– Bonjour, M. Michel, dit le commissaire. Et, tout de suite, une bonne nouvelle pour vous : vous êtes officiellement hors de cause*. Nos spécialistes ont examiné* en laboratoire les photos prises hier sur place. On vient de me donner leur rapport. Les traces de freinage* ne correspondent pas aux pneus de votre voiture. Elles ne correspondent pas non plus d'ailleurs aux pneumatiques du véhicule* du « monstre ». De plus, il y a des traces de peinture bleue – ou, plus exactement, de laque bleue – sur le survêtement de jogging du brigadier*. Et votre Clio* est blanche... Voilà. Vous allez passer maintenant voir l'inspecteur Charvin pour signer votre déposition*.

– Comment va le brigadier* Nicaud ?

– On l'opère ce matin. Le chirurgien pense que tout va bien se passer.

– Et le coup de téléphone, qui était-ce ?

– Un coup de fil anonyme : voix de garçon de 17-18 ans. Quand l'agent lui a demandé son nom, il a raccroché. Nous avons informé la presse locale :

11 **un rapport** *ici:* Bericht – 12 **correspondre à qc** einer Sache entsprechen – 12 **un pneu** Reifen – 15 **la peinture** *ici:* Farbe

dans leurs articles de ce matin concernant l'affaire, les journaux locaux demandent au jeune homme de passer au commissariat. Va-t-il le faire ? J'en doute.

– Et vous n'avez pas d'autre piste* ?

– Pour l'instant, non... Bon, M. Michel, merci pour votre témoignage* et pour votre aide. Et... nos excuses pour l'interrogatoire* d'hier.

Quand Bouvier ouvre la porte de son bureau pour laisser sortir Claude, il aperçoit deux hommes, dans le couloir. Charvin est accompagné d'un inconnu qui, à première vue, a l'air d'un clochard : vieux vêtements, visage pas rasé, les traits déformés.

– M. le commissaire, dit Charvin, cet homme veut absolument vous parler. Il dit que c'est très grave, très urgent* aussi.

– Vous ne l'avez pas interrogé* ?

– Il ne veut avoir affaire qu'à vous.

– Très bien. Entrez, monsieur, dit Bouvier.

L'inconnu entre dans le bureau du commissaire, tandis que Charvin et Claude Michel se dirigent vers le bureau des inspecteurs.

Vu de près, l'homme n'a pas l'air d'un clochard ordinaire. Ses vêtements sont vieux, c'est vrai, démodés aussi, mais de bonne coupe. On a le sentiment que cet homme a été riche, autrefois. Et qu'il a été beau. Pourquoi ces traits déformés : alcool ? drogue ?

– Asseyez-vous, dit Bouvier.

Et le commissaire s'assoit lui aussi.

– Eh bien, allez-y, je vous écoute.

1 **concernant** bezüglich – 4 **douter de qc** etw bezweifeln – 6 **pour l'instant** bis jetzt – 13 **les traits** *mpl* (Gesichts-)Züge – 13 **déformé, déformée** entstellt – 21 **tandis que** *ici:* während – 24 **ordinaire** gewöhnlich

Mais l'homme se tait.

Bouvier regarde les yeux très particuliers de l'inconnu : l'un est bleu, l'autre vert. Et là, tout à coup, il se dit qu'il connaît cet homme. Oui, ces yeux lui rappellent quelqu'un… Mais qui ?

– Qui êtes-vous ? dit Bouvier.

– Ça n'a pas d'importance, répond l'homme.

Et il se tait à nouveau.

Puis, tout à coup, il se met à parler d'une voix rapide et sourde.

– Le coup du blessé du parking, ce n'est pas moi. Voilà pourquoi je suis venu vous voir. Je ne veux pas être accusé* d'un crime* que je n'ai pas commis. Vous me comprenez, M. le commissaire ? C'est humain, n'est-ce pas ?

Bouvier ne répond pas. Il cherche dans sa mémoire. Qui est-ce, bon sang, qui est-ce ?

L'homme continue :

– Le « monstre des parkings », comme disent les journalistes, c'est moi.

À ces mots, le commissaire se lève et fait quelques pas dans la pièce. Il est à peine surpris. Parce qu'entre-temps, il a trouvé : l'homme qui est assis dans son bureau, c'est Luc Grandjean, l'ancien propriétaire de la biscuiterie.

Bouvier se rassied.

– M. Grandjean, dit-il, tout a commencé il y a cinq ans, n'est-ce pas ?… C'est en automne, un soir pluvieux de novembre. Il est neuf heures et demie. Vous êtes sur un parking avec votre femme et votre fils Éric, qui a neuf ans. Vous revenez d'une soirée chez des amis et vous voulez reprendre votre

1 **se taire** schweigen – 10 **sourd, sourde** *ici:* dumpf – 17 **bon sang** *fam* verflixt – 25 **une biscuiterie** Keksfabrik – 29 **pluvieux, pluvieuse** regnerisch

voiture. Tout à coup, un chauffard* – un agent de police qui a trop bu – renverse* votre femme et votre fils. L'enfant meurt sur le coup*, votre femme une heure après, à l'hôpital… Dans la période qui suit, vous faites de la dépression, vous vous mettez à boire, vous ne vous occupez plus de vos affaires et, finalement, la biscuiterie fait faillite. Pour échapper à vos créanciers, vous quittez la ville, puis la France sans doute, car la police perd ensuite votre trace.

– Je suis parti pour la Belgique. J'ai vécu un moment à Mons, chez un de mes oncles. Mais mon état psychologique devenait de plus en plus grave. On a fini par me mettre dans un hôpital psychiatrique.

– Quand êtes-vous revenu à Villeneuve ?

– Il y a un mois et demi. J'avais reçu une lettre de ma mère. Elle me disait qu'elle était gravement malade. Je me suis échappé de l'hôpital.

– Vous avez commis ces quatre meurtres* pour vous venger, n'est-ce pas, vous venger de la mort de votre femme et de votre fils ?

– Oui… Écoutez, pendant la journée, je suis un homme à peu près normal. Mais le soir, c'est plus fort que moi, je deviens dangereux. Surtout à partir de neuf heures et demie, de l'heure de l'accident, quoi.

– Comment procédiez-vous pour commettre* vos crimes* ?

– J'attendais à la sortie des commissariats de la ville. Et je suivais les agents quand ils rentraient chez eux. Vous savez, comme moi, que les êtres humains changent très rarement leurs habitudes.

7 **faire faillite** [fajit] Konkurs machen – 7 **échapper** entkommen – 8 **un créancier** Gläubiger – 18 **s'échapper** entlaufen – 20 **se venger** sich rächen – 27 **procéder** verfahren

Quand ils ont choisi un itinéraire pour rentrer à la maison, ils le prennent chaque fois. Je savais que le grand blond garait sa voiture sur le parking de la rue X, le petit brun sur le parking* de la rue Y ou que le gros rouquin traversait toujours le parking de la rue Z pour aller chez lui à pied. Je connaissais aussi leurs horaires de travail, les jours où ils terminaient à dix heures ou très tard dans la nuit. Les policiers ont des horaires bizarres, n'est-ce pas ? J'attendais sur le parking*, dans ma voiture, phares* éteints*. L'agent arrivait. J'attendais de le voir de dos, à vingt mètres de moi. Je démarrais*, puis roulais très lentement et, à dix mètres de lui, j'accélérais*, puis freinais* brusquement juste avant de le heurter*.

– Pourquoi laissiez-vous ces traces de freinage* ?

– Je reconstituais l'accident de ma femme et de mon fils jusque dans ses moindres détails... Je suppose qu'on va me ramener à l'hôpital psychiatrique de Mons ?

– Oui.

– Qui va s'occuper de ma mère ?

– Elle est hospitalisée ?

– Non, elle est chez elle : son état est désespéré.

– Je vais voir avec une assistante sociale.

– Merci, commissaire. Et surtout, merci de m'avoir écouté.

1 **un itinéraire** Weg – 5 **un rouquin** Rothaariger – 7 **l'horaire** *m* **de travail** Arbeitszeit – 16 **reconstituer** rekonstruieren – 23 **désespéré, désespérée** verzweifelt – 24 **une assistante sociale** Sozialarbeiterin

# Chapitre 8

*Où Julien Hébert passe à nouveau un très mauvais quart d'heure.*

Dix heures. Julien est encore au lit.

À sept heures, sa mère est venue le réveiller, comme d'habitude. Mais il n'a pas pu se lever : il était trop fatigué. Il a très mal dormi. Ça a été cauchemar sur cauchemar, mauvais rêve sur mauvais rêve. Et il se réveillait chaque fois, en sueur. Toujours le même rêve : un homme en survêtement de jogging, étendu sur le sol, le visage en sang*, le bras cassé, le regardait et disait à voix basse : « Assassin, assassin* ! »

À sept heures, toujours, Mme Hébert a dit à Julien de prendre sa température. Mais le garçon n'avait pas de fièvre. Il était tout simplement épuisé.

Julien s'est ensuite endormi, et à dix heures, il se réveille. Et, tout de suite, le drame de la veille lui revient en mémoire. La peur le reprend, cette peur qu'il a eue pendant la nuit, cette peur qu'à présent, il ne peut plus supporter… Il décide alors de tout avouer* à sa mère.

Il se lève, puis se rend, en pyjama, dans la salle de séjour. Il y trouve Mme Hébert assise, occupée à trier des papiers.

– Alors, mon chéri, dit-elle, ça va mieux ?… Tu veux ton petit déjeuner ?

– Non, merci, maman. Je n'ai pas faim.

7 **un cauchemar** Alptraum – 9 **la sueur** Schweiß – 15 **épuisé, épuisée** erschöpft – 20 **supporter** ertragen – 24 **trier des papiers** *mpl* Papiere sortieren

Julien ajoute ensuite, très vite :

– Maman, je voudrais te raconter quelque chose.

« Tiens, tiens ! pense Mme Hébert. Julien va enfin me dire ce qu'il a fait hier avec la voiture… »

– Eh bien, vas-y, dit-elle.

– C'est quelque chose de très grave, tu sais, quelque chose d'extrêmement grave…

Là, Mme Hébert commence à s'inquiéter. Jusque-là, elle a supposé que son fils avait accroché*, disons, un poteau ou un mur. Que s'est-il donc passé ?

Julien hésite encore un instant. Puis il prend son courage à deux mains et commence son récit.

Lorsqu'il a terminé, sa mère reste sans réaction, sans voix. Sa surprise est si forte qu'elle ne sait que dire.

Bientôt, la surprise fait place à l'épouvante.

– Tu as tué un homme… tué un homme, murmure-t-elle.

Puis, très fort :

– Ce n'est pas vrai, Julien ! Dis-moi que ce n'est pas vrai !

Le garçon essaie de se faire le plus petit possible. Il aimerait disparaître, ne plus exister.

– Mon Dieu, mon Dieu, qu'est-ce qu'on va faire ? ajoute sa mère.

Elle est très pâle, au bord des larmes.

Mais, tout à coup, son visage change d'expression, comme si elle avait eu une idée soudaine.

– Tu as bien dit le parking de la rue Lafayette, en face du « Moderne » ? fait-elle.

– Oui, répond Julien.

12 **prendre son courage à deux mains** seinen ganzen Mut zusammen nehmen – 13 **un récit** Erzählung – 14 **lorsque** als, wenn – 17 **l'épouvante** *f* Entsetzen – 27 **une larme** Träne – 29 **comme si** als ob – 29 **soudain, soudaine** plötzlich

Vite, Mme Hébert se lève, va à la cuisine, puis revient avec un journal. Tout à l'heure, elle a lu les gros titres et il lui a semblé voir… Elle parcourt la première page des yeux… Ça y est, elle a trouvé l'article.

– L'homme est un policier, dit-elle… Il n'est pas mort. Il est blessé. Gravement, c'est vrai, mais en tout cas, il vit encore… Il est à l'hôpital… Ah ! Et puis, la police prie le jeune homme qui a passé le coup de téléphone anonyme hier, vers treize heures, de se présenter de toute urgence au commissariat de Villeneuve-Sud… Bon, habille-toi. Je vais téléphoner à ton père, et on va y aller tous les trois, au commissariat !

Une heure plus tard, les Hébert sont dans le bureau de Bouvier. M. Hébert a passé un coup de fil au commissaire qui, bien sûr, a accepté de les recevoir dès onze heures.

Julien vient de raconter son histoire.

– Eh bien, mon garçon, vous avez fait du beau travail ! dit Bouvier, ironique. Vous pouvez être fier de vous : un agent à l'hôpital, fausse déclaration à la police, conduite* sans permis*… Bravo, vraiment !

Julien Hébert ne dit rien. Il devient d'abord tout rouge, puis tout pâle. Il se voit déjà en prison*.

– Julien, dit alors sa mère, quand tu as accroché* le poteau en ciment, tu as senti le choc, hein ? Mais après, je veux dire à la fin, près de l'arbre, est-ce que tu as senti un autre choc ? Bref, est-ce que tu es vraiment sûr d'avoir heurté* l'homme ?

– Oui… euh… non. Enfin, je ne sais plus, répond le garçon.

– Allons, essaie de te souvenir, dit sa mère.

3 **les gros titres** *mpl* Schlagzeilen – 3 **parcourir qc des yeux** etw mit den Augen überfliegen – 11 **de toute urgence** dringlichst – 21 **être fier de qn** auf jdn stolz sein

Julien cherche dans sa mémoire : il a perdu le contrôle de la voiture… il a freiné*… il a fermé les yeux… et après… Mais non, il ne se souvient plus de ce qui s'est passé après !

– Non, dit-il enfin, je ne peux pas dire si j'ai senti un choc ou non.

« Bizarre, pense Bouvier. Est-ce que, par hasard, ce n'est pas lui qui a blessé Nicaud ?… Enfin, nous allons le savoir tout de suite. »

– M. Hébert, dit le commissaire, quelle est la couleur de votre voiture ?

– Bleue. Pourquoi me demandez-vous cela ?

– Parce que nous avons trouvé des traces de laque bleue sur le survêtement du brigadier* Nicaud.

« Cette fois, se dit Bouvier, il n'y a pratiquement plus de doute* ! »

– M. Hébert, fait-il, est-ce que vous avez donné votre voiture à réparer ?

– Oui, M. le commissaire. Au garage Prandini, place du Marché.

– Bon. Eh bien, nos spécialistes vont comparer la laque de votre voiture et celle des traces trouvées sur le survêtement… Votre fils a 17 ans, c'est bien ça ?

– Oui, il est mineur*.

– Ainsi, comme vous le savez, vous êtes, juridiquement*, responsable* de ses actes.

– Oui, je sais.

– Donc, je vous prie, Julien et vous, de ne pas quitter la région avant les résultats des examens de nos spécialistes.

– Bien, M. le commissaire.

7 **par hasard** zufällig – 22 **celle** der, die, das(-jenige)

## Chapitre 9

### *Où on parle de la famille Chaudric... et où tout s'explique !*

Treize heures. Les Chaudric viennent de se mettre à table, avec leurs deux enfants : Sébastien, douze ans, et Sandrine, huit ans.

M. et Mme Chaudric tiennent un magasin de couleurs, au 22 de la rue Lafayette. En général, ils déjeunent assez tard : ils ferment leur boutique à midi et demi.

Mme Chaudric vient de servir les hors-d'œuvre et elle se dit qu'une fois de plus, la famille ne va pas pouvoir manger tranquillement : de nouveau, Sébastien et Sandrine se disputent.

Il faut dire que Sébastien n'arrête pas de taquiner sa sœur.

Mais cette fois, Sandrine est bien décidée à ne pas se laisser faire.

– Si tu continues à m'embêter, dit-elle à son frère, je raconte tout !

– Non, non ! fait Sébastien. Tais-toi, Sandrine, tais-toi ! Sinon, je ne te parle plus.

– Qu'est-ce qu'elle ne doit pas raconter ? dit alors M. Chaudric.

– Eh ben, voilà, commence Sandrine. Ça s'est passé hier. Sébastien et moi, on...

Mais son frère l'interrompt.

– Ne dis rien, Sandrine ! Surtout, ne dis rien !

Mais il est trop tard. Sandrine continue son récit.

13 **se disputer** sich streiten – 14 **taquiner** necken – 18 **embêter** *fam* ärgern – 26 **interrompre** unterbrechen

Hier, mercredi donc, vers les midi, les deux enfants sont allés sur le parking de la rue Lafayette. Ils voulaient jouer avec le beau cerf-volant que leur père leur avait fabriqué la veille.

Après quelques difficultés, au début, ils ont réussi enfin à faire monter le bel engin volant. Et Sébastien, qui tenait la ficelle, était tout fier. Il regardait le cerf-volant, tout là-haut.

Il tirait, tirait sur la ficelle… Mais il avait oublié ce que son père lui avait dit de faire : tirer, puis relâcher, tirer encore, puis relâcher de nouveau.

Alors, ce qui devait arriver est arrivé !

À un moment, que voit le garçon ? Le cerf-volant qui se met à tourner ! Et il tourne, tourne en rond !

– Que faire ? se dit Sébastien. Que faire ?

Et tout à coup, c'est la brusque descente !

Le cerf-volant tombe, tombe avec une extrême rapidité… Il passe tout près d'un grand arbre… Et, à ce moment, les enfants Chaudric voient un homme qui fait du jogging et qui se trouve à dix mètres à peine de l'arbre… Et là, c'est la catastrophe : l'homme reçoit le cerf-volant en plein visage, reçoit en pleine figure l'engin qui était arrivé sur lui à toute vitesse… Il fait encore quelques pas chancelants, puis tombe lourdement au pied de l'arbre.

Il est tombé sur le bras droit, et sa tête a heurté* violemment le sol du parking.

L'homme reste à terre, totalement immobile*, le visage en sang*, les yeux fermés.

Sandrine éclate en sanglots.

Sébastien lui-même est bouleversé.

3 **un cerf-volant** [sɛʀvɔlɑ̃] (Papier-)Drachen – 6 **un engin volant** Fluggerät – 7 **une ficelle** Schnur – 11 **relâcher** nachlassen – 25 **chancelant, chancelante** wankend

Mais, au bout d'un moment, il dit à sa sœur :

– Viens vite, on va ramasser le cerf-volant. Comme ça, personne ne va penser que c'est nous qui avons fait le coup.

Les deux enfants ramassent donc ce qui reste de l'engin volant : la carcasse, cassée bien sûr, la queue, avec les petits pots de laque bleue que leur père avait mis, pour rendre le cerf-volant plus lourd. Dans les pots, il y avait des restes de peinture…

2 **ramasser** vom Boden aufheben – 7 **la queue** [kø] – 7 **un pot** [po] Topf

# Questions de compréhension

**Chapitre 1**

1. Pourquoi Claude Michel est-il venu rue Lafayette ?
2. À quel endroit du parking s'est-il garé ? Pour quelle raison ?
3. Claude fait une découverte tragique : quelle découverte ?
4. La situation de Claude, après sa découverte, est difficile : pour quelles raisons ?
5. Que décide-t-il de faire, finalement ?
6. Qu'apprend-on, dans ce premier chapitre, sur le criminel des parkings ?

**Chapitre 2**

1. Qui arrive après le coup de téléphone de Claude ?
2. Qui est le blessé ?
3. Les chasseurs regardent : que fait-on du blessé ?
4. Quelles nouvelles informations nous donne-t-on sur le « monstre des parkings » ?
5. Quelle est la première hypothèse de l'inspecteur Charvin ? Quelle est, d'après Claude Michel, la deuxième ? Pourquoi ?
6. Pourquoi est-ce que, tout à coup, l'inspecteur ne soupçonne* plus Claude ?

**Chapitre 3**

1. Présentez, en quelques phrases, Julien Hébert et son père.
2. Julien est un enfant gâté : qu'est-ce qui le montre ?
3. Pourquoi, ce jour-là, Julien a-t-il peur ?
4. Le garçon essaie de faire ses devoirs, mais il n'y arrive pas : qu'est-ce qui l'en empêche ?

5. Très vite, il imagine son programme scolaire de la journée : décrivez ce programme.
6. Il cherche un copain : qui ? Pourquoi ne le trouve-t-il pas ?
7. Il retourne à son immeuble. Et là, il trouve la solution : que va-t-il faire ?

**Chapitre 4**

1. Au début, Julien a des problèmes : quels problèmes ?
2. Parlez de Pauline : donnez des détails.
3. Julien imagine sa rencontre avec sa petite amie : résumez la scène.
4. Le garçon est très déçu quand il arrive chez sa copine : pourquoi ?
5. Le voilà, de nouveau, dans la rue : décrivez la situation.
6. Que fait Julien pour se sortir de cette situation ?
7. Le garçon perd le contrôle de la voiture. Que se passe-t-il ensuite ?
8. Il rentre à la maison. Que décide-t-il de faire après ?

**Chapitre 5**

1. Où est Pierre Nicaud ? Comment le sait-il ?
2. Le brigadier est blessé : qu'a-t-il ? Qu'est-ce que le médecin lui propose ? Pourquoi ?
3. Charvin interroge Nicaud : que raconte le brigadier ?
4. L'inspecteur ne croit pas Pierre : pour quelle raison ?

**Chapitre 6**

1. Pourquoi M. Hébert est-il fatigué ?
2. Il voit sa voiture et devient tout pâle : pour quelle raison ?
3. M. Hébert pose des questions à Julien. Le garçon ment : qu'est-ce qui le montre ? Qu'est-ce qu'il a « oublié » de dire ? Comment se justifie-t-il ?
4. Quels arguments Mme Hébert donne-t-elle pour défendre son fils ?
5. Comment s'explique la réaction finale de M. Hébert ?

**Chapitre 7**

1. Pourquoi Claude Michel est-il hors de cause ?
2. Dans le couloir du commissariat, il y a deux hommes : décrivez l'inconnu.
3. Pourquoi cet inconnu est-il venu au commissariat ?
4. Résumez l'histoire de Luc Grandjean.

**Chapitre 8**

1. Pourquoi Julien a-t-il très mal dormi ?
2. Dix heures. Il se réveille : que décide-t-il de faire, et pour quelle raison ?
3. Le garçon fait son récit : pourquoi Mme Hébert est-elle alors épouvantée ?
4. Qu'est-ce qu'elle va chercher dans la cuisine ? Pour quelle raison ?
5. Au commissariat, Bouvier résume ce que Julien a fait : de quoi accuse-t-il le garçon ?
6. Mme Hébert essaie, encore une fois, de défendre son fils : comment fait-elle ?
7. Bouvier a des doutes : que se demande-t-il ?
8. Qu'est-ce qui lui enlève ses doutes ?
9. Pourquoi Bouvier demande-t-il à M. Hébert de lui répéter l'âge de Julien ?

**Chapitre 9**

1. Qui sont les Chaudric ?
2. Parlez des deux enfants : s'entendent-ils bien ? Pourquoi ?
3. Pour quelle raison Sandrine décide-t-elle de tout raconter ?
4. Que s'est-il passé ?
5. Continuez l'histoire : dites ce que les Chaudric vont faire, comment Bouvier va réagir, et Julien et ses parents...

À vous de jouer !

# Liste des abréviations

| | |
|---|---|
| → | mot de la même famille |
| etw | etwas |
| *f* | féminin |
| *fam* | familier |
| *fpl* | féminin pluriel |
| jdm | jemandem |
| jdn | jemanden |
| *m* | masculin |
| *mpl* | masculin pluriel |
| qc | quelque chose |
| qn | quelqu'un |
| *verlan* | argot, langage qui inverse les syllabes |